HISTOIRE SATYRIQUE ET VÉRITABLE

DU

MARIAGE DE CÉSAR

AVEC LA BELLE

EUGÉNIE DE GUSMAN,

OU LA FEMME DE CÉSAR,

Par **HYPOLITE MAGEN.**

— 1853 —

Notre-Dame de Paris
est Notre-Dame de Lorette.

LONDRES
JEFFS, LIBRAIRE-ÉDITEUR, BURLINGTON-ARCADE.

1871

IMPRIMERIE UNIVERSELLE SAINT-HÉLIER, DORSET STREET, 19.

L'Aigle de Wilhelmshoehe

AVANT-PROPOS.

Nous accomplissons, une œuvre de flagellation; notre plume retrace les orgies d'une famille de débauchés. — Avant tout, il faut exposer nettement la pensée qui nous guide : ce sera notre réponse à des magistrats qui nous accusèrent d'outrage à la morale publique, mais qui, mieux éclairés, ont reconnu l'erreur de cette accusation impossible; notre but ne se révèle-t-il pas à chaque ligne où la flétrissure atteint le vice démasqué?

Nous reprocherait-on de n'avoir point laissé un peu de fard, un bout de masque, à ce hideux Protée?

Ce reproche, funeste exagération d'un sentiment de pudeur mal comprise, est prévenu quand nous disons : « Voiler le Vice, n'est-ce pas en dissimuler la laideur, lui prêter les attraits du mystère? n'est-ce pas nuire à la Vertu? Il faut que le Vice soit vu, comme elle, — nu, sans fard et de près? »

Ce langage, — qui est celui de la vérité, du droit, de la raison, — tous les moralistes l'ont tenu.

Si nous voulions faire parade vaine d'une érudition facile, nous invoquerions une foule d'autorités dont le plus morose censeur respecterait la sagesse.

Nos citations se borneront à ces paroles de Grégoire, que l'église romaine invoque et prie : « Si la manifestation de la vérité produit du scandale, il est plus utile de produire le scandale que d'abandonner la défense de la vérité (1). » Nous rappellerons encore ces maximes de l'abbé Fleuri (2) : « C'est une espèce de mensonge de ne dire la vérité qu'à demi. L'écrivain serait plus répréhensible lui-même s'il dissimulait les mauvaises actions qui peuvent rendre les autres plus sages, et les détourner d'en commettre de pareilles, du moins par la honte, suivant cette parole de l'Evangile : *Rien n'est si caché qui ne soit, un jour, découvert.* — La sincérité n'a besoin d'aucun artifice. Si les désordres avaient tellement cessé qu'il n'en restât plus de vestiges, peut-être pourrait-on les laisser ensevelis dans l'oubli. Mais nous n'en voyons que trop les suites funestes. La corruption de la morale a des effets trop sensibles; et n'est-il pas utile de connaître d'où viennent de si grands maux? »

De rigides susceptibilités trouveraient-elles à nos tableaux trop de crudité?

Elles devraient livrer aux flammes plus de livres que n'en détruisit Omar.

Les pédants hérissés d'un rigorisme qui s'offense au moindre mot, cachent, presque toujours, sous cet effarouchement de scrupules outrés, une hypocrite dépravation de mœurs; leur troupe, esclave du Vice qu'une absurde piété dissimule, se recrute surtout parmi les hommes noirs et leurs pieux sectaires. Ces gens-là poussent la haine de la vérité, la crainte de voir la lumière éclairer la nuit où s'abrite leur vicieuse hypocrisie, jusquà solliciter, à grands cris, l'impunité du crime et le châtiment de ses révélateurs, qu'ils accusent *d'outrage à la*

(1) J. Grégor. Homél. 5, in Ezech.
(2) Disc. sur l'hist. ecclésiast., n° 13.

morale! Trop souvent, la magistrature, soumise à la ténébreuse influence de la tartuferie cléricale, voulut intimider, en le menaçant ou en le frappant, le front impassible de l'histoire, que rien n'intimide.

N'ayez pas l'oreille plus délicate que le cœur, puristes « dont le tympan se déchire au son d'un mot, et dont l'âme dépravée reste insensible au son d'une maxime fausse, vile ou cruelle? » — Pourquoi, répéterai-je avec un moraliste, n'oserait-on pas dire ce qu'on ose faire entendre? Pourquoi un détour serait-il plus honnête qu'une voie directe? — « J'aime, ajoute Montaigne, qu'on s'exprime courageusement, que les mots aillent où va la pensée. »

Certes, l'écrivain qui dévoile, avec une gaieté cynique, les hideux secrets du Vice, et qui donne à ces turpitudes les attraits de la séduction, mérite le blâme et le châtiment.

Mais, s'il décrit les dissolutions et les débauches des dispensateurs d'un pouvoir déshonoré; s'il raconte des prostitutions infâmes, dans le but d'arrêter les progrès d'une contagion qui pervertirait l'esprit national, alors, cet écrivain obéit au devoir; il sait que le caractère des administrateurs d'un pays influe sur les mœurs d'un peuple; que l'immoralité engendre un despotisme qui arrache à la nation opprimée ce cri gémissant : « Mes maux viennent de ceux que je paie pour m'en garantir; » qu'enfin, *pour s'étourdir*, le peuple, chez lequel sont accrédités des hommes vils et corrupteurs, « se précipite dans la corruption, de toutes parts provoquée pour étouffer ses murmures. »

N'oublions pas qu'alors « les vices ont infiniment plus de force pour énerver les mœurs, que les mœurs pour réprimer le vice, et que l'influence des lois est toujours proportionnelle à celle des mœurs.»

La France aurait donné et donnerait au monde le douloureux spectacle d'un nouveau Bas-Empire, si l'écrivain probe n'exposait pas à tous les yeux l'effrayant tableau du Crime qui ne rougit plus, de la Corruption qui se vante, du Vice qui se couronne, de Priape qui se masque en saint, de Néron qui singe Titus, de Messaline qui fait louer sa pudeur.

Lycurgue, ce législateur profond, institua des fêtes où les filles dansaient, nues, sur la place publique. « Ce n'est point, a dit un moraliste, en voilant des femmes, qu'il cherche à combattre l'excès du penchant qui énerve : il connaissait trop les hommes pour donner dans de semblables erreurs.»

Tacite et Juvénal n'eussent point livré au mépris des siècles des scandales qu'un vil empereur essaie de renouveler impunément, si l'un eût affadi la pointe de son burin, si l'autre eût enveloppé d'une trame de soie ses lanières déchirantes.

Imitons-les! Que notre voix indignée poursuive et trouble au fond de ses palais l'Orgie triomphante! — Suivons, sans faiblesse, avec toute l'énergie d'une âme forte et honnête, ces conseils d'un philosophe : « A quoi sert la vérité, si un vain artifice la déguise? Ne sacrifions jamais nos devoirs à l'empire des sots préjugés; craignons le blâme, — et sachons le braver lorsque la probité l'ordonne; — ayons même le courage d'immoler l'apparence à la réalité, et de sourire aux fausses conjectures, lorsque nous pouvons nous dire à nous-mêmes : J'AI FAIT CE QUE JE DEVAIS FAIRE. »

Histoire satyrique et véritable

DU

MARIAGE DE CÉSAR

AVEC LA BELLE EUGÉNIE DE GUSMAN

OU LA FEMME DE CÉSAR.

Le coup d'Etat a eu lieu ; le coup d'Etat a complétement réussi ; Badinguet s'est fait audacieusement décerner le titre d'*empereur*. — Napoléon le Petit est satisfait. Nous sommes au château impérial de Compiègne. De brillantes fêtes y sont données ; surexcité par le satyriasis qui le dévore, le fils d'Hortense et de Verhuell donne ces fêtes superbes en l'honneur d'une seule femme ; moderne Lavallière — sauf la naïve vertu de cette aimable maîtresse du grand roi — cette femme réunit pour un instant sur elle tous les désirs les plus brûlants de Sa Majesté pustuleuse. Une circonstance mit en relief la Junon de l'Olympe impérial.

Le son des cors, et le hennissement des chevaux, tenus par des grooms en livrée verte et or, annoncent l'ouverture des chasses.

Les dames, en pantalon gris, et collant jusqu'à dessiner *tous les avantages* des chasseresses, *excitent l'admiration des connaisseurs*.

On s'élance à travers la forêt, que parcourent, effrayés, les chevreuils et les cerfs.

Entouré de ses plus intimes aides-de-camp, les narines ouvertes comme un renard qui prend le vent, l'empereur cherche les traces d'une belle amazone aux cheveux détachés, au désordre sauvage; sur un coursier rapide, elle a traversé le groupe impérial, et, comme une flèche éblouissante, elle a disparu aux yeux ravis de l'empereur, tombé dans les lacs amoureux qu'une habile main lui tendait.

Il la poursuivait donc avec une frénétique ardeur. Au détour d'un sentier, le prince et l'amazone se rencontrent. Le regard bleu de la chasseresse a *timidement* déployé les ressources d'une tactique assaillante, mais tout à coup voilée par un incarnat de pudeur qui l'effarouche elle-même.

Obéissant à la passion qui le domine, l'empereur balbutie le pathos royal de Louis XV s'adressant à madame d'Etioles : « Belle chasseresse, heureux ceux que vous percez de vos traits! Les blessures en sont mortelles.

— Sire, répondit l'amazone, j'en serai donc avare, car je ne veux procurer à personne *le bonheur de mourir* de leur atteinte.

— Il est affligeant qu'à tant de charmes se joigne tant de cruauté.

Mais la Diane, au cœur *peu sensible*, avait piqué de l'éperon son docile andaloux, et disparaissait encore :

Et fugit ad salices et se cupit ante videri. Sa manœuvre a réussi : son Endymion a vraiment reçu au cœur une blessure profonde.

« Qu'elle est belle! » s'écria le *Patito* immobile et suivant, d'un œil enflammé, la *cruelle* fugitive aux cheveux *ardents*.

« On put croire, — ajoute un chroniqueur, — que le sort de la France était *fixé;* car l'empereur fut si vivement impressionné qu'il tomba, sans mouvement, dans les bras de ses officiers attendris. »

L'entretien suivant, qui, le même soir, eut lieu

entre le prince et son intime Fleury, expliquera *l'affliction* causée par *tant de cruauté unie à tant de charmes*.

Louis Bonaparte joue le rôle de Henri VIII, amoureux d'Anne de Boleyn; — le colonel des guides représente le personnage de Wolsey.

— O Fleury! disait le prince en se promenant les bras croisés à la manière de son oncle, toi qui connais si bien la manière de séduire les cœurs, dis-moi par quel chemin je puis arriver à celui de la ravissante fée qui détruit mon bonheur et mon repos.

— Quelle femme pourrait vous résister? S'il vous plaît de suivre mes conseils, avant huit jours cette fée vous appartiendra.

— Je t'écoute, Fleury.

— Cette femme spécule sur la passion qu'elle vous inspire; votre couronne l'éblouit; cette vertu opiniâtre irrite vos désirs par une résistance calculée; elle veut abriter sa défaite sous votre manteau impérial.

— Que faire? je ne puis vivre sans elle.

— Il faut lui demander une entrevue; lui dire tout le mal que ses rigueurs vous font; dissuader habilement son ambition de l'espoir qu'elle fonde sur l'empire auquel ses charmes vous tiennent soumis; lui promettre une fidélité éternelle; déposer à ses pieds des trésors magnifiques; exprimer, enfin, le regret que *des raisons d'Etat* vous empêchent de ceindre son beau front de la couronne impériale. *Sa force est dans votre respect.*

— Et si elle me repousse?

— Alors, dominez votre émotion; adressez-lui des reproches amers; accusez-la de vous torturer sans pitié; soyez hardi plutôt que tendre.

— Mais, tu ignores, Fleury, à quel point sa vertu s'exalte et s'effarouche.

— Ce serait le vrai moment, — si son exaltation devenait passionnée, — de brusquer l'attaque. « Une femme ne se rend jamais à la première sommation. » Que votre fermeté redouble alors! Certaines femmes « accordent les dernières faveurs en jurant de mourir plutôt que de céder. Les Espagnoles ressemblent à ces capitaines de leur pays qui s'épuisent en rodomontades, et livrent honteusement la citadelle confiée à leur garde. »

— Fleury, je serai ferme, résolu : César *ira*, *verra* et vaincra.

— Bravo! monseigneur; nous célébrerons votre victoire, le verre en main; et bientôt, vous présenterez à la nouvelle favorite votre coupe triomphante, en fredonnant ce refrain d'une vieille chanson :

Verse rasade, Hébé, je vais boire à Cypris!

A la même heure, l'enchanteresse racontait ses succès de la journée à sa mère, qui, douée d'une vieille expérience sur les allures de l'amour, lui répondit en ces termes :

— Ma chère enfant, écoute mes sages avis, et la couronne de France rayonnera sur ton front. Tu serais perdue si tu jetais le trésor de tes faveurs aux pieds du volage qui t'adore. Irrite son impatience en modérant tes empressements. D'un autre côté, afin de ne point paraître exclusivement gouvernée par l'ambition, témoigne au prince plus d'affection qu'il ne t'en inspire. Simule, avec une coquetterie réservée, la franchise, l'abandon et la douceur, et voile habilement le despotisme et l'emportement de ton naturel échauffé par le soleil des Espagnes. N'oublie pas que ton impétuosité empêcha, il y a deux ans, ton cousin, le jeune duc d'Ossuna, grand d'Espagne, le plus riche propriétaire de la péninsule, de mordre à l'hameçon que je lui présentais.

Oublie, pour le moment, ce charmant officier dont le dédain te poussa follement au suicide. Parce qu'il semblait préférer ta sœur, la duchesse d'Albe, une haine jalouse et violente mit dans tes doigts crispés un flacon de vernis que tu avalas, imprudente! Laisse-moi te prémunir contre les écarts de ta fougueuse imagination, en te montrant la cicatrice de ton bras gauche : une plaisanterie de ce cher Narvaez arma ta capricieuse main d'un poignard qui fit jaillir ton sang. — Ne renouvelle pas, sous les yeux de l'empereur, ô ma fille! ces expressives agaceries dont tu énivrais, à Spa, au bal de *la maison de jeu*, ce beau jeune homme qui t'avait charmée. Enfin, seconde, mieux que par le passé, le triomphe que, depuis longtemps, mes intrigues te ménagent. Le sentiment, ici, n'a rien à voir. Quand ton *prétendu* vient vers nous, ne me redis pas, comme toujours, d'un air maussade et d'un ton d'humeur : *Allons, il faut que je gazouille avec ce monsieur!* Songe que ce *monsieur* possède un trône qui vaut bien le sacrifice de *tes répugnances.*

Quand les licences que la beauté reçoit de l'hymen te livreront aux tendres faiblesses, tu joueras la comédie si les désirs te manquent.

Une belle partie est engagée; c'est une couronne qui en est l'enjeu : il dépend de toi, ma fille, de la perdre ou de la gagner.

— Ma mère, je la gagnerai! répondit l'Irlando-Espagnole d'un ton résolu —

— Rien n'est plus facile, répliqua l'ambitieuse mère; imite madame de Maintenon : jusqu'après le mariage *elle renvoyait son amant, toujours affligé,* — jamais désespéré.

La soirée était belle, les invités se groupaient, et folâtraient sur la terrasse du château. Endymion offrit son bras à Diane, et le couple se dirigea vers les allées du parc.

Deux partis divisaient les hôtes de Compiègne : l'un, cherchant à arrêter « cette passion insensée que l'habileté de deux intrigantes (mère et fille) sait exalter jusqu'au paroxysme, en se refusant de la satisfaire, si ce n'est au prix d'une couronne, » — l'autre, qui favorise cette intrigue amoureuse par des soins que payeront des faveurs promises.

Fleury est à la tête du premier. Au moment où le dénoûment de la comédie se joue, il se croit sûr du succès de ses conseils. Ses partisans l'entourent; l'un d'eux manifeste la crainte d'un mariage entre les deux promeneurs : Allonc donc! s'écrie Fleury; y pensez-vous? La France aurait pour impératrice la petite-fille d'un épicier, devenue, grâce aux basards d'une alliance douteuse, fille d'honneur de Marie-Christine et d'Isabelle II, déjà fameuse par plus d'une aventure, et dont la mère a fait parler d'elle par tous les échos de France et d'Espagne! Pouvons-nous descendre jusque-là?

— Monsieur le colonel, répondit une voix aigre et irritée, il y a des exemples d'une élévation plus étrange : ignorez-vous que, d'un cabaret de la Livonie, Catherine Alexina monta sur le trône des Russes? Plus tard, nous reprendrons cette leçon d'histoire. »

Et la mère de la Diane chasseresse accompagna ces paroles d'un regard chargé de vengeance et de haine. Puis, elle s'éloigna lentement avec M. Morny, son *cavaliere servante*, chef du parti de l'intrigue.

Aussitôt on vit reparaître le couple soupirant.

— Eh bien! sire? demanda Fleury, d'une voix inquiète, en se rapprochant de l'empereur; eh bien?

— Votre tactique est pitoyable, répliqua sa majesté, en lui tournant le dos.

Cette brusque réponse désespéra l'ex-favori. La bien-aimée du prince avait rejoint sa mère :

— Eugénie, l'empereur me paraît affligé?

— Mais il n'est pas désespéré, ma mère.

— Bravo! fit M. Morny; salut à l'impératrice!

Le lendemain, autour de la jeune Espagnole se pressait un essaim de courtisans : ils avaient compris les intentions du maître; le colonel des guides était sombre et seul; M. Morny et ses partisans, radieux, voyaient leur groupe se grossir; chacun prenait ses mesures pour saluer la constellation qui allait éclipser les astres pâlissants du ciel impérial; tous les regards se tournaient vers elle.

Les fêtes de Compiègne se terminaient; les femmes s'en revinrent jalouses, — Louis Bonaparte, la tête et le cœur en feu, — les courtisans, tristes ou joyeux, suivant l'intérêt qu'ils apportaient dans une lutte dont l'issue renverserait ou rehausserait leurs espérances.

La troupe effarée des amours auxiliaires et faciles s'envolait à tire d'ailes.

Ces grivoises Laïs des orgies nocturnes songaient mélancoliquement qu'elles ne participeraient plus à la curée des fonds publics.

L'une des plus séduisantes, — rapporte un chroniqueur, — l'actrice P....., qui avait fait, avec plusieurs de ses compagnes, les délices de Compiègne, rencontra sa sœur D....: Ma chère, lui dit-elle, je fais changer ma devise et mon écusson. — Et que mettras-tu sur tes panneaux? — Rien qu'un amour en pleurs avec la devise : *Si j'avais su!* — Ah! ma chère, c'est une idée que vingt de nos camarades vont te voler.

Si je lui avais résisté! — soupira mademoiselle Constance, en adressant une dernière pensée au chef de l'Etat, — si je lui avais résisté, je serais peut-être impératrice?

— Hélas! tu renouvelles tous nos regrets! s'écrièrent à la fois mesdemoiselles Judith et Ozy.

Ces pauvres filles se vengèrent innocemment de leur abandon *momentané*, en envoyant au tendre César un petit livre intitulé : *Estelle et Némorin*, par M. de Florian.

Deux rubans verts, comme ceux dont les bergers amoureux ornent leur flûte et leur chapeau, indiquaient ces lignes de la page 37 : « Bientôt Némorin connut toute la violence du feu qui le dévorait; mais il n'était plus temps de l'éteindre; » et ces deux vers du cinquième livre :

Tout dit : Craignez de perdre un jour
De la belle saison d'amour.

Il est temps de peindre la femme qui s'est emparée des sens du Sardanapale français; je suis à mon chevalet.

Mademoiselle Eugénie de Montijo a vingt-huit ans; elle est assez grande; des yeux bleus, mais sans expression, une chevelure d'un blond très-ardent, un nez d'une pureté remarquable, de blanches épaules et des bras charmants, telles sont les séductions qui enchaînent M. Louis Bonaparte.

L'esprit d'Eugénie est sans culture et sans vivacité : la fadeur de sa physionomie l'indique. Elle n'aime ni ne comprend les charmes des arts; en un mot, c'est une belle statue qui a trouvé son Pygmalion; ses goûts sont espagnols, — et ses inclinations, masculines.

Elle endossera l'habit vert des guides avec une aisance parfaite. Habile à manier le poignard mieux qu'une autre l'éventail, elle monte à cru, comme un palefrenier, et se plaît tant avec les chevaux, qu'un de ses compatriotes disait : « Eugénie fera bientôt, comme feu la duchesse de Lude, sa toilette dans les écuries. »

Sa passion pour les combats de taureaux est extrême; son visage et son œil inanimés s'enfièvrent, et sa bouche exprime un sentiment violent, lorsque des andaloux sont éventrés, et que le sang des *piccadores* ou des *chulos* rougit la poussière de l'arène.

A Madrid, elle se plaçait toujours en face du *tauril*, parmi les vrais amateurs de la *tauromaquia*, et son regard exercé jugeaît sûrement si le taureau serait *valliante*, *temeroso* ou *aplomado*.

Son théatre, à elle, c'est le cirque où les *banderillas* sifflent et déchirent les flancs empourprés d'un taureau furieux; où la poitrine d'un malheureux *chulos* est ouverte par des cornes recourbées; — son acteur favori, c'est un beau taureau du *Xarama*, au front menaçant; quand ses naseaux fument, quand, au milieu des dards qui l'aiguillonnent, il mugit, il écume, il s'élance, il remplit l'arène de vestiges sanglants, de lambeaux déchirés, et semble, d'un œil fier, défier de nouveaux ennemis, alors Eugénie pousse des cris de joie, bat des mains, agite son mouchoir, trépigne d'enthousiasme, et tressaille de plaisir.

Voilà un spectacle émouvant, grandiose et digne d'un noble cœur! Pour une de ces boucheries effrénées, qu'elle admire avec une impatience frémissante, Eugénie donnerait tous les drames de Shakespaere et d'Hugo : là, pas un vrai poignard ne fait rouler un vrai cadavre. Au Théâtre-Français, Eugénie bâille et dort; au cirque de la *Puerta del Sol, l'aimante* fille rayonne et bondit. — *Valga me dios!* parlez-lui de ces fêtes où, à l'abri de tout péril, elle voit des hommes jouer leur vie. — *Corpo santo!* son Garrick, son Talma, couronnés de gloire et de génie, ce sont : le torréador Pepehillo mort sur le *champ de bataille*, en *taurisant* devant le roi, — et le *manchego malador* Miguel, assassiné, sur le Prado (1), par sa jalouse maîtresse, dona Theresa, duchesse d'Albe, — et parente de la *douce* Egénie, si nous en croyons les *d'Hozier* napoléoniens.

Voici la généalogie vraie de notre *lionne* rousse : il y avait, à Malaga, un riche marchand de beurre, de sardines et de sucre ; il se nommait *Kirpatrick ;* il était père de quatre filles ; l'une d'elles se distinguait par sa grâce et le besoin de se *désensardiner.*

L'ambitieuse fille de l'épicier Kirpatrick apprit l'arrivée d'un pauvre cadet de famille ayant nom *comte de Théba ;* il n'a ni sou ni maille ; un bandeau noir couvre son œil droit paralysé ; il est aussi bête que laid ; officier d'artillerie, une explosion le mutila, l'estropia de telle sorte qu'il faisait vraiment pitié à voir.

Mademoiselle Kirpatrick voulait un titre sous lequel disparaîtrait son origine roturière, et un *paravent* qui abritât ses galanteries.

L'éclopé Théba lui offrait ces deux avantages ; il accepta volontiers la fortune et la main de l'ambitieuse et galante épicière.

Cette *mésalliance* irrita le marquis de Montijo, frère aîné du comte de Théba ; vieux et malade, il épousa une jeune femme, afin de priver de ses titres et de sa fortune les enfants de mademoiselle Kirpatrick ; mais il ne tarda pas à mourir sans postérité ; ses titres de grandesse et le nom de *Montijo* passèrent alors au comte de Théba.

Madame Kirpatrick-Théba-Montijo eut deux filles. On attribue la paternité d'Eugénie à lord Clarendon. Quant au père de l'aînée, que les artifices de sa mère ont poussée dans le lit du duc d'Albe, nul ne

(1) Sous le règne de Charles IV.

saurait le désigner sans erreur, tant est grand le nombre des heureux que faisait la libertine marquise : elle-même s'embrouille dans ses calculs.

« Il faudrait, — dit un chroniqueur, — il faudrait remonter à l'histoire romaine ou du Bas-Empire pour trouver les analogues du caractère de la mère Montijo ; en un seul mot, sachez qu'elle est bien digne d'apparaître quand revient *l'ère des Césars.* Si les Tuileries sont hantées par tous les aventuriers qui composaient le salon de madame de Montijo, — pas une femme d'honneur ne voudra, ne pourra visiter la cour impériale. »

Ce chroniqueur ignore donc que la famille de l'empereur est digne, en tous points, de cette alliance, de ce croisement et de ces propinations ? — Ignore-t-il que les habitués de la cour impériale faisaient ressembler les Tuileries à un mauvais lieu d'où s'éloignaient les gens d'honneur et de cœur, — et que les aventuriers de la mère Montijo y seront à leur aise et à leur place ?

Les deux mères de Louis et d'Eugénie se ressemblent du côté des mœurs ; facile à donner *le don d'amoureux merci*, madame Montijo sème, dans tous les pays qu'elle visite, une aventure et un scandale.

En Espagne, la fille ennoblie de l'épicier de Malaga ne refusait aucun de ses charmes à un jeune Italien. Un jour, lassé des exigences de cette femme, propre à exciter le désir plutôt que l'affection, car « c'est Vénus tout entière attachée à sa proie, » le fils de Rome quitte sa maîtresse désolée. S'il lui laisse des regrets, il emporte ses diamants. La dame se plaint à la justice ; la junte est convoquée ; des révélations intimes sur les rapports qui avaient existé longtemps entre la plaignante et le fugitif égayèrent l'Espagne ; le prévenu fut acquitté.

Madame de Montijo quitta son pays qui la raillait; elle vint demander à la France des distractions nouvelles.

Là, son fougueux tempérament cherche de robustes satisfactions : « personne mieux qu'une Espagnole ne se connait à la pierre de touche des galanteries. » Deux hommes à la fois suffisaient difficilement à tarir la source d'une insatiable avidité. Les deux rivaux, qui, séparément, se croyaient heureux et riaient l'un aux dépens de l'autre, se trouvèrent face à face dans une situation décisive; leurs yeux échangèrent une menace et un défi; le lendemain, M. de Chabrillant et le danseur Petipa croisaient l'épée; M. de Chabrillant eut un œil crevé; madame de Montijo récompensa l'heureux vainqueur par une profusion de faveurs énervantes, — et M. de Chabrillant, qui n'y voyait plus que d'un œil, eut un remplaçant moins exclusif.

Le nom du nouvel élu a quelque illustration dans le monde littéraire; ses droits sur la maman Montijo vont jusqu'à tutoyer Eugénie; il est maintenant historiographe de la cour.

A peine l'empereur de décembre eut-il déclaré à son conseil atterré « *qu'après avoir fait le bonheur de tout le monde, il voulait faire le sien, et, conséquemment, qu'il prenait pour femme Eugénie de Montijo,* » un journal bonapartiste et catholique, *l'Emancipation*, résumait ainsi l'effet produit par ce mariage de *Lubin* d'opéra-comique : « Il n'y a qu'un cri de blâme formel parmi les hommes politiques; mais la province, *ne connaissant guère les bruits qui ont circulé sur mademoiselle de Montijo,* ne sera pas vivement émue. »

En même temps, à l'imitation de Henri VIII, qui décréta peine de mort contre quiconque oserait *médire, mal penser* d'Anne de Boleyn, Louis Bonaparte ordonnait l'arrestation et, sans doute, la transportation de quiconque oserait mal parler d'Eugénie de Montijo. Quels sont *les bruits que la province ne connaît pas,* — et pourquoi cet ordre de César? *Sa femme serait-elle soupçonnée?*

Peut-être va-t-on au delà de la vérité en racontant l'histoire d'Eugénie? Mais, convenons au moins que la belle encourageait singulièrement la médisance.

A Madrid, nul n'ignore que cette fille, attachée à la domesticité d'Isabelle II, avait pour M. de Joinville des complaisances infinies; ce prince fit le portrait d'Eugénie, qui posa souvent, en costume d'amazone.

Un noble Espagnol interrogea, dit-on, M. de Joinville; leur entretien peut se résumer par ce dialogue, dont, en 1745, madame de Pompadour était le sujet :

— Soyez sincère : vous avez connu cette femme?

— Sans doute. — Connue, ce qui s'appelle connue? — Je ne sais quel sens vous attachez à ce mot; j'ai toujours eu pour cette dame la plus grande estime. — *Combien de fois l'avez-vous estimée?* — Mon Dieu! que vos présomptions s'éloignent de la vérité!... Je peignais avec cette dame. — Oui, vous peigniez d'après nature, et la nature est si communicative! — Vos malices ont une grâce charmante, mais, foi de gentilhomme!... — Arrêtez, un serment ici serait chose trop sérieuse.

« Interrogez aussi mon frère d'Aumale, » aurait pu ajouter M. de Joinville.

En effet, dans la saison où tout aime, — femmes, tourterelles et fleurs, — Eugénie se levait avec l'aurore, pour goûter la fraîcheur du matin. Suspendue nonchalamment aux bras de M. d'Aumale, elle se rendait, à 5 heures, au Musée de Madrid, où se trouvent un grand nombre de nudités. On ouvrait aux deux visiteurs les portes de ce Musée, désert à une pareille heure. Personne n'y pénétrait après eux. « Apparemment, nous écrit-on, M. le duc détaillait à la belle Eugénie toutes les beautés des chefs-d'œuvre de nos grands maîtres, car, en moyenne, chaque visite durait une heure et demie. »

— Comment expliquez-vous ces longues promenades au Musée, prince? Eugénie n'est point l'amie des arts. — Elle feignait de les aimer : *nous les cultivions ensemble;* ce commerce lui plaisait; mais il n'y eut rien, entre nous, par delà *l'amitié.* — Nous voilà dans les significations vagues, dans les mots élastiques : je me défie de ces mots : *estime, amitié. Combien de fois avez-vous eu de l'amitié pour Eugénie?* — Après tout, un gentilhomme français n'est pas un Joseph !

Le 28 juin 1849, sur la liste n° 7 des étrangers de Spa, on lisait : « A l'hôtel de Flandre, rue du Wauxhall, sont descendus : 1° Madame la comtesse Montijo, rentière à Madrid, avec la comtesse Théba, sa fille; 2° S. E. monseigneur le duc d'Ossuna et de l'Infantado, comte-duc de Benavente. »

Le soir, quand les ombres descendaient lentement des montagnes entre lesquelles fuient les eaux de l'Amblève, le promeneur attardé remarquait, dans la vallée sinueuse, un jeune homme et une jeune fille amoureux du silence et du mystère. A voir leurs bras tendrement enlacés, l'échange de leurs regards satisfaits, l'expression de leurs bouches frémissantes, on devinait que ce n'était point là un couple de naturalistes, étudiant les caractères géologiques des bandes calcaires ou le plissement des couches perpendiculaires et renversées.

L'une de ces promenades fut poussée jusqu'à la grondante cascade de Côo. Un artiste, du haut des rochers, admirait le magnifique spectacle de l'Amblève, semblable, par ses fuites, à une série de lacs où se miraient les douces étoiles d'un ciel argenté; il aperçut à ses pieds, sur un banc de quartz schisteux, ce que le chevalier Saint-Aignan nommait « deux personnes au lieu d'une : un beau seigneur groupé avec une belle dame. »

Quand l'artiste se rapprocha de la cascade, le banc de schiste était désert; mais deux ombres effarouchées s'en éloignaient; en passant devant elles, notre indiscret rêveur crut reconnaître la jeune comtesse et le jeune duc, dont il avait lu les noms sur la liste n° 7 des étrangers de Spa.

Chacun, du reste, excusait l'intimité des deux amants : « Ils sont fiancés, disait-on; l'hymen, bientôt, légitimera les impatiences et les larcins de l'amour. » Ah! charmante Eugénie, votre habile maman ne vous avait pas encore appris l'histoire d'Anne de Boleyn; si, comme elle, à Henri VIII qui lui demandait le chemin de sa chambre à coucher, vous aviez répondu à votre aimable cousin : « *On y arrive en passant par l'église,* » vous seriez aujourd'hui duchesse d'Ossuna et de l'Infantado, comtesse et duchesse de Benavente. Mais l'expérience est un bien qui se paye : vous l'avez acquise au prix de quelques-unes de vos faveurs; la leçon vous a profité; impératrice, vous avez su prendre une revanche heureuse.

Il est vrai que le jour où, *pour l'honneur de votre réputation*, vous daignâtes consentir aux vœux éperdus et passionnés du soupirant impérial, on osa ressusciter ce quatrain fameux :

Montijo, plus belle que sage,
De l'empereur comble les vœux,
Ce soir, s'il trouve un pucelage,
C'est que la belle en avait deux.

Est-ce encore pour avoir satisfait, avant l'heure, à d'impatients désirs que ne se conclut pas le mariage projeté d'Eugénie avec le marquis d'Alcanirez, *l'intime* ami de la duchesse d'Albe, née Montijo-Kirpatrick ?

On sait que, désespérée de voir tant de maris lui échapper, la malheureuse Eugénie tenta de s'empoisonner.

Parlerons-nous de la *grande estime* que lui témoignait, à Madrid, le général Narvaez?

Où m'arrêterais-je, bon Dieu! si je répétais, un à un, tous les bruits étranges répandus sur des liaisons sans nombre? Je serai discret, autant qu'Eugénie doit l'être; or, en pareil cas,

> La beauté ne sait pas prendre en main des trompettes,
> Et publier partout les faveurs qu'elle a faites.

Laissons le marquis de Las Marismas, chef de la famille Aguado, répondre à des amis qui lui demandent s'il est vrai que son frère Olympio va se marier avec Théba : « Est-ce que vous croyez mon frère assez bête et assez fou pour épouser une pareille folle? »

Laissons les ouvriers de Paris surnommer Eugénie la Rousse : comtesse de Bréda, y Carotas, y Bastringo, y Cravacho, y Mabillo, y Badingo; ou bien encore : *Lola Montès deuxième;* car,—étrange rapprochement! — l'un des témoins d'Eugénie est ce M. Bedmar, qui amena la première Lola Montès à Paris, y vécut avec elle, et la conduisit en Bavière, où il la maria au vieux roi Louis.

Qu'aux promesses de *clémence,* — blasphème odieux dans la bouche d'un criminel! — le peuple réponde ironiquement :

> Parvenu se pose en Titus;
> Mais il agit en sens contraire :

Car, il compte pour jours perdus
Tous ceux qu'il passe sans mal faire :
Certes, Parvenu n'en perd guère!

Eugénie n'est-elle pas dédommagée de ces vérités railleuses, quand elle entend son amoureux empereur lui réciter cette strophe de l'exilé de Jersey :

A Juana la Grenadine
Qui toujours chante et badine,
Sultan Achmet dit un jour :
Je donnerais, sans retour,
Mon royaume pour Médine,
Et Médine pour ton amour! »

Le galant souverain ne tresse-t-il pas en couronne, qu'il pose sur le front de sa Juana bien-aimée, les superbes violettes que lui envoyait miss Howard la délaissée?

La *camerera* d'Isabelle II ne voit-elle pas se prosterner à ses pieds le sénat, le corps législatif, le conseil d'Etat, les juges en robe rouge et en robe noire, les *nouveaux* chefs de l'armée française, les ministres et les dignitaires de l'empire? Des prélats catholiques ne lui font-ils pas, avec leur pourpre romaine, des tapis qu'elle foule?

N'entend-elle pas les Arsène, les Phyloxène, les Belmontet, les Méry, et, à leur suite, une vile tourbe de poëtes déshonorés et mendiants, lui chanter sur toutes les cordes flasques de leurs lyres immondes : « *Nous sommes les domestiques de l'empereur, et, par conséquent,* les vôtres; prêtez l'oreille à nos accents :

D'un bonheur qui nous fuit, ah! bénissons les causes.
Fêtons d'un même accord Eugénie et les roses,
Hymen, tourne longtemps le fuseau de l'amour,
Et prolonge la nuit jusqu'à la fin du jour?

Hélas! non, toutes ces bassesses ne suffisent

point à Lola-Montijo, car, l'immense voix du peuple, dominant toutes ces voix d'eunuques, fait retentir de ses épithalames les échos des Tuileries :

Depuis que de César, en ses sacrés parvis,
Un archevêque a béni l'amourette,
Notre-Dame de Paris.
Est Notre-Dame de Lorette.

L'incorruptible, l'impitoyable poëte des faubourgs continue :

Chacun son goût et sa marotte !
Les cheveux roux sont en faveur :
Rien ne peut plaire au carotteur
Autant que la couleur carotte.

Puis les gamins parcourent les boutiques d'épiceries, en criant : « Avez-vous des anchois et du raisiné de Kirpatrick? »

Des ouvriers chantent une complainte sur le pauvre Porto-Carrero, oncle de l'impératrice, en son vivant marchand de faro, à Bruxelles, à l'enseigne du *Pot-Carré*, dans *l'impasse des Morts*.

D'autres s'interpellent ainsi d'un ton goguenard : « Eh bien ! monsieur *Parvenu, tu te rends au vœu si souvent manifesté par le pays?* — Oui, et je préfère une femme que j'aime à l'alliance d'une maison souveraine. — Oh ! oh ! tu t'avises de cela quand toutes les maisons souveraines t'ont fermé leur porte au nez ! Ce n'est guère habile, monsieur *Parvenu*. *Ils sont trop verts,* n'est-ce pas? — *Je cède à mes penchants ;* j'épouse ma vertueuse Espagnole. — Oui, parce qu'elle t'a tenu la dragée plus haute qu'à son cousin d'Ossuna. »

L'esprit des salons s'exerce comme celui du peuple ; au faubourg Saint-Germain circulent des listes de souscription aux ouvrages suivants : *Traité sur le plaisir*. — *Une jolie mine mène à tout*. — *La belle et la bête*. — *Traité sur la mi-*

naudcrie. — L'argent au-dessus de tout. — Lettres de Flore à Zéphir, et réponses de Zéphir à Flore. — La bâtarde et le bâtard, ou *Qui se ressemble s'assemble.*

Lola deuxième ne trouve pas, dans la ridicule passion qu'elle inspire à son Lubin, un dédommagement aux railleries et au mépris dont elle est l'objet. Les sentiments que son cœur éprouve pour le galant couronné se traduisent par ces confidences à une amie : « J'ai pitié de lui parce que son extrême confiance en mon affection le rend trop ridicule, d'où il suit que chacun se moque du pauvre sot sans miséricorde. J'ai pitié de lui parce qu'on dit partout que je l'ai pris comme pis-aller et en désespoir de cause, attendu que mon cousin d'Ossuna et d'autres lui ont généreusement cédé la place. »

Eugénie confia souvent à sa mère et à madame Wagner, devenue lectrice de son amie, sa profonde répulsion pour « ce visage cadavéreux et dévasté, au milieu duquel se dresse un nez digne du nez immortel décrit par Slawkenbergint, et qui promet de se draper de pourpre, comme celui d'une ravaudeuse irlandaise buvant régulièrement ses six pintes de wisky. »

Dans sa cour, peuplée de laquais rapaces et flétris de femmes *élégantes* à pouffer de rire, et qu'on peut lorgner insolemment, elle ne voit rien qui la console des dédains impitoyables de la Chaussée-d'Antin et du faubourg Saint-Germain, des moqueuses gloseries de la boutique et de l'atelier, du mépris haineux de tout ce que Paris a d'honnête et de loyal.

— Mon Dieu ! milady, — disait un secrétaire de l'ambassade d'Angleterre à une belle Anglaise qu'il était surpris de voir au Tuileries, — comment vous risquez-vous dans ce bastringue prétentieux?

— Oh ! répondit lady S..., pour nous, étrangères, cela ne tire pas à conséquence : nous venons ici comme, aux eaux, nous allons à la Redoute.

La femme de Louis Bonaparte sentait gronder, au fond de son âme superbe et vindicative, des fureurs qu'attisent les plus ulcérées des *parvenues* de décembre. La démence furieuse de *madame-mère* était à son paroxysme. César, revêtu de son magnifique habit brodé, froissa d'une main courroucée, son beau chapeau à longues plumes, et inventa le nouveau crime de lèze-Montijo. Soudain les agents de Piétri se mettent en campagne, et une razzia d'arrestations est opérée :

« Deux ouvriers, au boulevard Beaumarchais, disent à mi-voix quelques *paroles malsonnantes* sur a Montijo : on les traîne à la préfecture de police.

« Une personne est arrêtée, à la Maison d'Or, pour *avoir mal parlé* de Théba.

« Un commis de M. Ritler, coulissier, rue du Hanovre, est saisi par les argousins, pour s'être permis quelques réflexions sur le mariage du chef de l'Etat avec mademoiselle Montijo.

« Dans un café de la place des Victoires, un jeune homme raconte à ses amis qu'à Spa il avait dansé plusieurs contredanses avec mademoiselle Eugénie, qui paraissait fort éprise d'un beau cavalier. Sur la porte du café, le danseur de l'impératrice est arrêté : sa pauvre mère ignore ce qu'il est devenu.

« D'un seul coup de filet, on prend tous les correspondants des journaux étrangers, et on les ensevelit dans les sépulcres de Mazas.

« On assure que déjà plusieurs ouvriers ont payé le crime de lèze-Montijo par la transportation en Afrique. »

Mais cette rage, ce terrorisme augmente la

haine du peuple, de la noblesse et de la bourgeoisie pour l'irascible et violente nièce du cabaretier Porto-Carrero.

Elle se vengera. De sombres projets roulent dans sa tête exaspérée : « Je ne sais, — disait-elle en fumant son cigare, — si nous nous en irons d'ici : ce qu'il y a de sûr, c'est que ce ne sera pas sans avoir brûlé un peu de poudre. » Et sa causerie, qui s'élève parfois au ton des mousquetaires, s'émailla vivement de quelques jurons familiers; son *col de cygne* se redressa comme celui d'un grenadier, et son œil bleu s'alluma comme il s'allumait au cirque ensanglanté de la capitale des Espagnes.

Louis Bonaparte, radieux, nomma Eugénie la Rousse *colonel-général du régiment des guides;* il décida que désormais il ne passerait sans elle aucune revue de ses janissaires et de ses muets.

— Et si le pékin murmure, — s'écria la pudique Eugénie, en renvoyant de sa jolie bouche un nuage de fumée, — on rossera le pékin, *vivà dios!* Le *gavacho* recevrait une bonne leçon de moi!

Tandis que la vile cohue du monde officiel se courbe jusqu'à terre aux pieds d'Eugénie, miss Howard est plongée dans un sombre désespoir. Pas un de ces courtisans qui naguère la fatiguaient de leurs courbettes profondes, ne lui apporte une consolation ou un regret.

Fleury, qui partage, dit-on, la disgrâce de l'ex-favorite, dont il servait chaudement les amours, ne l'a pas lui-même visitée.

Miss Howard, comme mademoiselle Vaubernier, était devenue la favorite d'un prince régnant en suivant la même route. Du trottoir où elles vendaient leurs charmes, elles passèrent, l'une et l'autre, dans les bras d'un chevalier d'industrie qui donnait à jouer et vivait des rapines commises au jeu.

L'un de ces chevaliers se nommait *Du Barry* : il vendit *la Vaubernier* à Louis XV.

Louis Bonaparte acheta *miss Howard* à l'autre filou, dont il fréquentait la maison, et qui se nommait Jack-Young Fitzroy.

La marquise de Pompadour régna jusqu'à la mort de *son* roi.

Miss Howard espère le retour de *son* volage empereur : « Mon influence, dit-elle, n'a pas diminué sur ses sens ; il a vu ma rivale à travers l'aimable imposture d'une toilette étudiée ; mais elle est affligée d'un défaut secret qui refroidira son adorateur :

> Certes, je n'en disconviens pas,
> L'impératrice a des appas......

mais, elle jouit d'une bizarre infirmité qui obligera Louis à multiplier les ventilateurs dans ses palais. La science donne à cette maladie *crépitante* le nom de *tympanite* chronique ou d'hydropisie *gazeuse.* »

Sous le poétique ciel de Grenade, un romancero, plus galant, dirait : « Eugénie porte dans son beau corps une harpe d'Eole, soumise à l'action capricieuse des vents; ces vents, hélas ! n'exhalent pas l'harmonie, la fraîcheur et le parfum de nos douces brises grenadines. »

— « Si mon amant, ajoute miss Howard, avait pu s'allier à quelque fille de maison souveraine, je me serais résignée; en présence de son mariage avec une fille comme il y en a tant, je m'indigne. J'avais plus de titres que la Montijo. Je puis dire d'elle ce que madame de Gesvres disait de Ninon : « La différence qu'il y a entre cette belle beauté et moi, c'est que j'ai marché ouvertement dans le chemin du vice, et qu'elle cherche à dissimuler sa conduite passée ; elle prend des peines incroyables pour faire croire à sa vertu, et tout le monde en doute. »

C'est ainsi que miss Howard exhalait ses plaintes amères, au fond de son château de Beauregard, où elle aurait attendu le retour de son *trompeur*. Sa triomphante rivale vient d'exiger, assure-t-on, le départ de la pauvre miss.

Avant de se rendre à Boulogne, d'où elle gagnera Londres, sa ville natale, théâtre de ses premiers exploits, miss Howard a écrit la lettre suivante :

« Monseigneur, je pars. Je me serais sacrifiée à une nécessité politique : je ne puis vous pardonner de m'immoler à un caprice. J'emporte avec moi *vos enfants... et votre étoile...* »

Louis Bonaparte a donné *trois enfants* à miss Howard ; si la Montijo était stérile la France ne manquerait pas de bâtards impériaux qui la livreraient, à l'exemple de leur père, aux risées du monde et au mépris des siècles.

Après que Bonaparte-Badinguet eut assez joui de la chaste Eugénie, il revint bientôt à ses anciens péchés. Voici une petite histoire qui lui arriva et qui fit rire tout Paris en son temps : Il était devenu amoureux de la belle comtesse de Cast..... Celle-ci ne lui refusa rien, et poussait le cynisme jusqu'à aller partager la couche vérolique de Badinguet. La vertueuse Espagnole apprit la chose : outrée de dépit et de fureur, — l'amour n'était pour rien dans sa colère, — elle espionna la chose. Un beau soir, vers minuit, elle se présenta inopinément à la porte du quartier du maître, voulant ou lui parler, ou faisant la simagrée d'un autre désir. Grand émoi du chambellan de garde, qui savait ce que faisait Louis en ce moment. Il n'était rien moins que couché avec la comtesse. Refus de l'honorable gardeur de la chambre à coucher, de laisser passer la rousse Eugénie. Celle-ci se fâche, *vivà dios !* elle lance au chambellan la plus belle paire de gifles qu'il ait jamais reçues, entre malgré tout et s'en vient frapper à la porte de César. La belle comtesse, surprise, n'eut que le temps d'enlever ses habits, et de s'enfuir en chemise par un escalier dérobé. Je vous laisse à penser la scène qui eut lieu entre l'Espagnole et son Corse, et de quel rire homérique éclata tout Paris, quand vint à s'ébruiter la chasse de nouvelle espèce organisée par la Badinguette!!... On ne plaignit que la pauvre comtesse.

P. S. — Miss Howard ne se berçait pas d'illusions; au lieu de quitter la France, elle prend ses quartiers d'hiver à Paris, dans une maison de la rue du Cirque, derrière l'Elysée : c'est là que le chef de l'Etat vit plusieurs fois *faonner sa biche*.

En attendant que la lune de miel soit passée, l'empereur fait entretenir par M. Mocquard, chef de son cabinet, les espérances de son ancienne favorite.

La disgrâce de M. Fleury, que miss Howard protége, n'est qu'apparente; le colonel des guides habite sous le même toit que la marquise de Contades, l'une des initiées aux mystères de Compiègne, Saint-Cloud et autres lieux où *le prince travaillait au salut de la France.*

Les intrigues du boudoir vont renaître.

« Ah! mon Dieu! que j'avais raison de redouter de devenir jamais impératrice! » disait Joséphine répudiée.

Eugénie Montijo ne s'écriera-t-elle pas un jour : « Ah! mon Dieu! que j'ai eu tort de désirer ce que Joséphine redoutait! »

Miss Howard soutient méchamment que *la lune*

de miel de son infidèle n'aura jamais cessé d'être *la lune rousse;* elle se flatte que Louis donnera pour marraine au quatrième enfant qu'elle porte l'impératrice humiliée.

Le canon des Invalides saluera-t-il la naissance du nouveau prince bâtard?

En présence de cette fécondité, les Parisiens se disent, — comme se le disaient leurs pères du temps de Louis XV : « La famille impériale est tantôt si ample qu'il y aurait de quoi fonder une colonie. »

A Cayenne ou à Lambessa?

Ils y trouveraient l'horrible attestation des cruautés de leur père; car, ils y heurteraient à chaque pas les ossements desséchés de nos frères, qu'assassine (1) là, froidement, tous les jours, le bourreau de la France en deuil, saignante et déchirée par les violences d'un terrorisme dont une imprudente main ose renouer à la chaîne des âges les traditions désapprises, et d'où sortiront, infailliblement, des représailles légitimes, invincibles, inexorables.

Caïn au manteau de pourpre, Caïn au front taché de sang, luxurieux et féroce Caïn qui te plais à mêler au ricanement des longues débauches, le râlement des lentes agonies, n'entends-tu pas, à travers les mensonges de tes courtisans, les malédictions de tes victimes? Au delà des milliers de baïonnettes qui se croisent pour rassurer tes peurs, ne vois-tu pas des millions de bras qui se rapprochent pour venger nos martyrs?

FIN.

(1) Il résulte d'un rapport officiel que, dans le mois de janvier 1853, à Lambessa, les décès de transportés se sont élevés à 120. — A Cayenne, climat plus meurtrier, quel est donc le chiffre de nos morts?

PAMPHLETS POLITIQUES

(de fonds et en nombre)

Interdits ou condamnés en France sous le gouvernement de Badinguet, dont l'entrée est libre actuellement.

EXTRAIT DU CATALOGUE :

32. **Badinguet le Sedan...taire**, *ou* l'homme du 2 Décembre, par un ex-proscrit français. *Bruxelles*, 1870, in-8°, br. fr. 0-50

Cet ouvrage est éminemment intéressant par l'examen de la vie de l'homme *à l'hébétante cigarette.* Voici quelques chapitres : La France sous Badinguet. — Le deux Décembre 1851. — Les éclaboussures du crime du deux Décembre. — Réveil de la France. — Débâcle de Badinguet. — Le bandit corse. — Physique et moral du bandit corse. — Réminiscences sur la vie du bandit impérial.

33. **Frédéric II.** Les (six) Matinées du roi de Prusse, écrites par lui-même. Berlin, 1766, petit in-12 br., papier vélin. fr. 2-00

33bis. Le même ouvrage, papier de Hollande. fr. 4-00

Réimpression moderne à 150 exemplaires de ce livre devenu très-rare; il est accompagné de trois dissertations sur l'ouvrage et son auteur, par Barbier, Renouard et Paul Lacroix. Ce petit livre politico-religioso-philosophique offre des réflexions singulièrement curieuses, au chapitre des *plaisirs* surtout; c'est là que Frédéric II parle avec tant de désinvolture du vice dont il était entaché (la pédérastie), et à part les machiavéliques principes politiques, émis par ce souverain et continués aujourd'hui par ses successeurs, lorsqu'on lit le chapitre des *Mœurs et de la galanterie*, on se croirait à Sodome et à Gomorrhe !!! A quoi donc pensait ce grand capitaine, en se mettant dans une pareille nudité ? On comprend aisément pourquoi M. Preuss s'est bien gardé de comprendre ces confessions intimes, dans l'édition royale des *Œuvres* de ce grand homme. — En voyant les événements actuels, l'invasion de la France par la Prusse, et les prétentions de cette dernière, *les Matinées* de Frédéric II deviennent une actualité d'autant plus extraordinaire, que l'on pourrait penser que M. Bismarck en a fait une étude spéciale, en voyant ses projets, qui tendent politiquement à accomplir les machiavéliques desseins de Frédéric-le-Grand.....

34. **Von Miller.** Leçons sur la tactique des trois armes, trad. de l'allemand par le colonel Huybrecht. *Brux.*, vol.

in-8° br. et atlas in-fol. de 32 belles planches gravées. *Au lieu de* 24 fr. fr. 10-00

L'auteur est un de ces excellents généraux allemands de l'école de Molkte, qui ont élevé la tactique militaire, à cette perfection qu'elle a atteinte aujourd'hui en Prusse. Ses savantes leçons prennent la *tactique appliquée* depuis les premiers éléments de cette science jusqu'à ses combinaisons les plus élevées. Son but a surtout été de faciliter l'étude de la tactique sans l'intermédiaire d'un professeur. Joignant la pratique à la théorie, il s'est servi pour l'étude sérieuse de la *grande guerre*, des levés et dessins du corps d'état-major prussien. Un bel *Atlas* composé de *trente-deux planches explicatives*, grand in-folio maximum, est joint à ce savant ouvrage de la science militaire moderne.

35. **L'homme de Sedan**, par Alfred de la Guéronnière. 1870, p. in-8°, br. fr. 1-00

Ne pas confondre l'auteur avec son homonyme le comte Arthur, le ci-devant brochurier, ambassadeur et sénateur impérial. Ces deux écrivains sont aux antipodes. *L'homme de Sedan* de notre auteur, est une autre espèce de Robert-Macaire taciturne, le chef de cette autre espèce de Cour de miracle qui, pendant 20 ans, s'est prélassée aux Tuileries, et la silhouette qu'il trace du César en ruolz, fait songer aux eaux-fortes de Jacques Callot, en dévoilant les plaies hideuses et purulentes du Badinguet impérial.

36. **L'homme de Prusse**, ou Guillaume et Bismark dévoilés par Timon III. *Brux.*, 1870, in-8°, br., 12me édition. fr. 0-40

37. **V. Arnould.** De la constitution du parti révolutionnaire en France. *Brux.*, 1870, in-16, br. fr. 0-25

Ce travail, résumé des idées du citoyen Gambetta, sur la situation de la France actuelle, est l'œuvre d'un ami de ce représentant le plus distingué de l'opinion républicaine française.

38. **J. Caumartin.** Indiscrétions sur la vie du comte de Bismark. *Brux.*, 1870, in-16, br. fr. 0-25

Biographie satirique et mordante du célèbre chancelier prussien, depuis ses folies de jeunesse, ses galanteries de l'âge mûr, jusqu'à ses aventures politiques actuelles.

39. **Caumartin.** Indiscrétions sur la vie de Guiseppe Garibaldi. *Brux.*, 1870, in-16, br. fr 0-15

Biographie curieuse du célèbre patriote italien, depuis sa jeunesse jusqu'à nos jours.

40. **Lemoigne.** Les prouesses de Badinguet. *Brux*,, 1871., in-16, br. fr. 0 25

Vie politique et très-accidentée de Louis Bonaparte et de sa bande, depuis sa naissance jusqu'à Sedan.

41. **Les documents secrets** du cabinet de Badinguet et du gouvernement du Bas-Empire (1851-1870). *Brux.*, 1871, vol. in-8°, broché. *Seule édition extra-complète.* Huitième édition annotée. fr. 0-50

Pièces curieuses et édifiantes, dévoilant le sans-gène *tout impérial*..... avec lequel on dilapidait les richesses de la France, pour les favoris, les maîtresses et les courtisanes du triste César de Sédan!.....

Notre édition renferme toutes les pièces, tous les fascicules, toutes les suites, toutes les parties, édités en brochures par différents libraires, au prix de *un* franc la partie ou fascicule, soit ainsi à 3 ou 4 francs l'ouvrage au complet, ainsi que celles de l'édition soi-disant *populaire*, les Papiers secrets, à fr. 1-50. Voici les sommaires de quelques pièces les plus..... instructives :

Les maîtresses de Badinguet. — Fortune personnelle de Badinguet. — Subventions à la Famille impériale. — L'assassin de Victor Noir. — Le prince A. Murat, mendiant. — Affaire Jecker. — Régence. — Espinasse et le coup d'Etat. — La presse vendue et embrigadée à la police. — Le fameux Granier de Cassagnac. — Bonbons du général de Failly. — Emile de Girardin. — Allocations aux chefs socialistes. — Le cabinet noir. — Persigny dénoncé. — Facteurs de la poste et concierges appartenant à la police secrète. — Promotions dans la Légion d'honneur. — L'annexion de la Belgique. — La reine de Hollande, Badinguet et Sadowa. — Formation du cabinet Ollivier. — La comédie plébiscitaire de mai 1870. — Badinguet romancier. — Affaire Sandon. — Les Faux complots. — Services de la Magistrature impériale. — Servilité du Corps législatif. — Campagnes du Rhin et de Sédan. — Eugénie, le petit Louis et grand'maman Montijo. — Ce que la France a payé et payait à la séquelle bonapartiste et décembriste. — Le cabinet de toilette de la Badinguette. — Etc., etc., etc.

42. **Hypolite Magen.** Histoire satyrique et véritable du mariage de César avec la belle Eugénie de Gusman. *Londres*, in-8°, br. fr. 0-60

Viva dios! quelle désopilante histoire !

43. **Idem.** Prostitutions et débauches de la famille Bonaparte, depuis Létitia, mère de Napoléon-le-Grand, jusqu'à Napoléon-le-Petit. *Londres*, vol. in-8°, br. fr. 1-00

L'auteur promène autour de la foule tous les membres, hommes et femmes, de cette *noble famille* de débauchés, avec leurs hystériques maîtresses, leurs nombreux amants. Il nous montre la Luxure sur le trône, débridant les plus hideuses passions de ces accubiteurs, de ces courtisanes, de haut lieu, dont le délire des sens allait jusqu'à provoquer d'incestueux accouplements.

44. **Schœlcher.** Les amours de Napoléon III *ou* le lupanar Élyséen dévoilé. Les orgies de Badinguet avec ses

maîtresses et courtisanes. *Londres*, v. in-8°, br. fr. 0-65

C'est l'histoire véridique des nombreuses amours de Napoléon III, depuis sa jeunesse jusqu'à son mariage. Ce très-curieux ouvrage est orné d'un *frontispice satyrique*, représentant la tête lubrique de Badinguet, composée exclusivement de..... vierges folles,..... dans diverses attitudes.

45. **Madame César**, etc., par un ex-élève de Saint-Cyr. In-8°, br. fr. 0-25

Pièces satyriques très-curieuses, œuvre d'un jeune officier français que la belle Eugénie avait insolemment refusé, dans un bal des Tuileries.

46. **Timon III.** France et Allemagne...... La Vengeance!!! *Brux.*, 1871, in-8°, br. fr. 0-50

Pamphlet rempli de patriotisme et d'une noble indignation contre les crimes et les actes de barbarie, commis par les Prussiens en France ; l'auteur en fait le relevé historique et authentique et conclut par proférer son cri de guerre : *Vengeance!*

47. **Le père Duchène**, par G. Maroteau, in-32. fr. 0-20

48. **C. de Lamarquerouge.** Prusse et France. — Tyrannie et Liberté ou les Souverains sanguinaires du XIXe siècle. — Appréciation de la guerre franco-prussienne et de la politique de l'Europe pendant cette guerre. *Brux.*, 1871, in-16, 12 caricatures. fr. 0-50

Voici les sujets traités dans ce virulent pamphlet :

Militarisme. — Politique de Bonaparte et de Guillaume depuis Sadowa. — Derniers crimes de l'Empire. — Intrigues de Bismark. — Origine de la guerre. — Unité allemande. — Politique coupable de l'Angleterre. — Incident russe. — Paris devant l'invasion. — Les monarques au ban de la civilisation. — Devoirs des républicains français. — Espérance et avenir.

49. **N. Bruneaux.** Vie de M. le baron de Ratapoil, sénateur, ancien officier de la Grande Armée, grand'croix de la Légion d'Honneur, chevalier de l'Eperon d'Or, de l'ordre du Bain, etc. ; fondateur de la Société du Dix Décembre, membre de l'Institut (section des sciences morales et politiques), de la Société de Saint-Vincent de Paul, chanoine honoraire de Saint-Jean de Latran, etc., par *Nicolas Bruneaux*, auditeur de 1re classe au Conseil d'Etat. 1871, in-8°, br. fr. 0-50

Pamphlet mordant, ironique et satyrique, s'appliquant en particulier aux origines et à la vie de tous les individus *pourris* et tarés, qui, en général, formaient les plus hauts fonctionnaires de l'empire de Badinguet.

57. **Discours** prononcé à Jersey, sur la tombe d'un proscrit français, 1853. — **Bancel**. Idem à Bruxelles, sur la tombe d'un autre proscrit, 1853, avec l'Appréciation de ces discours. *Brux.*, in-18, 2 brochures. fr. 0-20

58. **L'Organographie** physiogno-phrénologique de Badinguet, d'après les systèmes de Gall et de Spurzheim. *Londres*, in-8°, br.; *très-curieux*. fr. 0-30

59. **L'Attentat** du 2 décembre, avec Notes historiques et explicatives sur les coquins décembristes. *Londres*, in-8°, br., *pamphlet des plus virulents*. fr. 0-50

60. **Les Châtiments.** Edition augmentée de la Voix de Guernesey — du Christ au Vatican — de la Lettre à Juarez — de la Badinguette — du Mariage espagnol — de la Corbeille de mariage d'Eugénie, etc. — de l'Élysée et le Massacre du 2 décembre — de la physiognomonie de César-Badinguet — de la Lettre de Victor Hugo à Bonaparte, lors du voyage de Badinguet en Angleterre, etc., etc., avec un *frontispice satyrique* représentant la tête de Badinguet, exprimant phrénologiquement ses crimes et ses folles entreprises..... Nouvelle édition. *Stockholm*, 1871, formant un beau vol. in-8° de 360 pages, broché, papier fin. fr. 3-00

61. **Napoléon-le-Petit.** Édition augmentée : 1° de *la Nouvelle Caprée* ou prostitutions et débauches de l'homme du 2 Décembre, de ses souteneurs, de ses complices et de ses Laïs de haut parage; 2° de l'Apothéose matrimonial de Bonaparte-Montijo; 3° Vie d'un *illustre* Sénateur, etc., du Bas-Empire, etc., etc., avec un *frontispice* représentant le portrait de Badinguet, formant la tête d'âne mangeant ses.... lauriers ! et une *vignette satyrique* représentant Badinguet en costume de.... volontaire prussien !... Nouvelle édition. *Stockholm*, 1871, formant un beau volume in-8° de 360 pages, broché, papier fin. fr. 3-00

www.ingramcontent.com/pod-product-compliance
Ingram Content Group UK Ltd.
Pitfield, Milton Keynes, MK11 3LW, UK
UKHW022154190726
13855UKWH00004B/1476